THÈSE

Pour

LA LICENCE.

A mon Père, A ma Mère.

Comment payer tant de soins dont vous m'avez constamment entouré? recevez cette thèse comme un gage d'une reconnaissance éternelle.

A MES ONCLES,

MM. FOULQUIER, FRANCOIS AVOCAT,

FOULQUIER, BERNARD, DOCTEUR-MÉDECIN,

et à tous mes autres oncles, parents et amis.

ACTE PUBLIC

POUR LA LICENCE,

En exécution de l'article 4, de la loi du 22 ventôse, an 12.

SOUTENU PAR

M. BRU, (CHARLES, BERNARD.)

NÉ A BOULOUIS, (AVEYRON.)

sub lege libertas.
(*Dupin aîné.*(

JUS ROMANUM.

Lib. I. Tit. 21.

De Auctoritate tutorum.

Tutor pupillorum personæ civili potius quam causæ datur. Indè, aut solus illorum negotia gerere, aut auctoritatem interponere debet. Solus negotia gerit, cùm pupillus minor adhùc est septem annis ; non intelligit enim infans quid agat, et non multum distat à furioso. Aliquoties tamen in hoc casu, tutor solùs agere non potest, veluti si hæreditatem pupillo devolutam adire aut illius prædia rustica vel suburbana alienare velit.

Si pupillus octavum annum attigerit, omne negotium certe gerit; sed, in omnibus causis ex quibus obligationes mutuæ nascuntur, tutorem in ipso negotio adesse et auctoritatem præstare necesse est; post tempus enim, per epistolam, per procuratorem, aut per nuntium interposita auctoritas non valet. Deficiente auctoritate, pupillus non se obligatur, sed alium sibi obligat. Cùm vero conditionem suam meliorem facit, nimpè si donationem accipiat, tutoris auctoritas supervacua existimatur. Quædam tamem In § 1° mei tituli inveniuntur exceptiones.

Pupillo sinè tutore auctore, non plus obligationem dissolvere quam contrahere licet. Itaque, si debitor pecuniam solvat, non ipse liberatur, sed, si ex eâ pecuniâ locupletior factus sit pupillus, et adhùc petat, per exceptionem doli mali summovetur. Denique, si inter tutorem pupillum judicium que agendum sit, curator ei à prætore datur, quo tinterveniente, judicium pera gitur et, eo peracto, curator esse desinit-

Des diverses espèces d'obligations.

Section 1re. -- *Des obligations conditionnelles.*

On appelle condition, un événement futur et incertain de l'existence ou de la non existence duquel on fait dépendre l'accomplissement, la modification ou la résolution d'une convention. On peut imposer toutes sortes de conditions, sous les modifications des art. **1172** et **1174**; elles se divisent en casuelles, potestatives, mixtes, positives ou négatives, expresses ou tacites, suspensives ou résolutoires. Du reste, une condition peut présenter à la fois plusieurs de ces caractères. La dernière division est la plus importante, et la seule dont le Code s'occupe avec détail.

3

1° *Condition suspensive.* -- L'effet de cette condition, est de suspendre l'existence de l'obligation, en laissant subsister la convention, qui est parfaite par le seul consentement des parties. Tant qu'elle peut être accomplie, la propriété de la chose réside sur la tète du débitenr, qui peut, de même que le créancier, en disposer, mais conditionnellement, et leurs droits et obligations éventuels passent à leurs héritiers ; il n'en est pas de même dans les legs : la raison de la différence résulte de leur nature. Lorsque la condition est accomplie, son effet remonte au jour de l'acte, et le créancier est censé avoir été depuis lors propriétaire ; si elle vient à défaillir, c'est comme s'il n'y avait jamais eu de convention.

2°. *Condition résolutoire.* — Lorsqu'une obligation est contractée sous une condition résolutoire, la jouissance et la propriété de la chose passent aussitôt sur la tète du créancier, qui demeure propriétaire, si la condition ne s'accomplit pas. Si elle s'accomplit, son droit est résolu. Les choses sont remises au même état que si l'obligation n'avait point existé ; et les droits que des tiers, même de bonne foi, pouvaient avoir acquis, sont anéantis. La résolution a-t-elle lieu de plein droit ? Une distinction résulte des termes de l'art. 1184, qui ne parle que des conditions résolutoires tacites.

Les conditions, de quelque nature quelles soient, doivent être accomplies de la manière dont les parties ont vraissemblablement voulu et entendu quelles le fussent. Elles doivent l'être dans le temps prescrit ; il n'y a qu'une seule excuse (art. 1178), et on ne peut pas en admettre d'autres. Il faut enfin appliquer les anciennes maximes : *conditio semel impleta non resumitur Conditio quœ defuit non restauratur.*

Section 2. Des obligations à terme.

L'obligation à terme prend naissance au moment du contrat ;

mais son exécution est suspendue jusqu'à une époque *certaine*; et c'est en cela que le terme diffère de la condition. Il est exprès ou tacite, de droit ou de grâce, et présumé stipulé en faveur du débiteur, qui peut conséquemment, y renoncer sauf quelques exceptions (art.1187, C. civ. 146, C. co.). *Qui a terme ne doit rien*, tel est le vieil adage consacré par le nouvau législateur mais quoique le débiteur ne puisse pas être poursuivi avant le terme, le créancier peut exercer tous les actes conservatoires qui lui assurent le paiement à l'échéance. Le débiteur ne peut plus réclamer un terme, ni jouir de celui qui lui a été accordé dans les cas spécifiés dans l'art. 1188. Peut il obtenir un terme lorsqu'il s'est engagé purement et simplement par acte notarié? comment compter les délais du terme ?

Section 3e. *Des obligations alternatives.*

L'obligation est disjonctive ou alternative, lorsqu'entre plusienrs choses une seule est due; le choix appartient au débiteur s'il n'a été expressement accordé au créancier. Jusqu'à ce qu'il ait été fait la nature de l'obligation reste quelque fois indeterminée. *Quid* lorsque la chose vient à périr avant que le choix ait été fait? Distinction entre le cas où il était dévolu au debiteur ou au créaucier.

Section 4e. *Des obligations solidaires.*

La solidarité ne se présume pas ; elle doit résulter expressement de la convention, ou de la loi ; elle peut exister entre les créanciers; ou de la part des débiteurs. Il y a solidarité entre les créanciers lorsque chacun deux a le droit d'exiger le total de la créance, et que le paiement fait à l'un d'eux libère le débiteur ; on en voit très rarement des exemples.

Il y a solidarité de la part des débiteurs lorsquils sont obligés à une même chose de manière que chacun d'eux puisse être contraint à la totalité. Alors, ils se mettent en quelque sorte en société pour le paiement de la dette; ils se chargent par un mandat tacite de payer les uns pour les autres; les art. 1203, 1204, 1205, 1206, 1207, et 1208, ne sont que des conséquences de ce principe. Le créancier peut faire remise de la solidarité, soit en faveur de tous les débiteurs, soit en faveur d'un seul, d'une manière expresse ou tacite. Mais la loi ne présume pas facilement qu'il a voulu renoncer à un droit aussi précieux. Quoique l'obligation soit contractée solidairement envers le créancier, elle se divise de plein droit entre les debiteurs qui n'en sont tenus que chacun pour sa portion. Les effets de la solidarité sont singulièrement modifiés par la mort d'un des débiteurs solidaires.

SECTION 5e. ***Des obligations divisibles et indivisibles.***

Le but du législateur a été de faire connaître dans cette section quand une obligation peut être exigée ou acquittée par parties. Cette théorie est sans applicatoin, lorsqu'il n'y a qu'un créancier et un débiteur uniques. S'il y a originairement plusieurs créanciers ou débiteurs, ou si le créancier ou débiteur uniques étant morts ils laissent des héritiers, les créances et les dettes se divisent de plein droit, lorsque la chose est divisible. Cependant même dans ce dernier cas, il y a des exceptions qui provienneut de la loi, de la nature de la chose due ou de la volonté expresse ou tacite des parites. Que doit-on entendre par ces mots *par le titre* de l'art. 1221 4°.

Il paraît que le code a voulu distinguer trois sortes d'indivisibilité comues par les anciens auteurs sous le nom de *indi-viduum contractu*, *obligatione*, *solutione*, on ne conçoit pas un exemple de la première; et on ne voit pas la différence qui existe entre les deux autres, telles que le Code les a définies, de manière que quelques auteurs ont voulu en induire que les rédacteurs avaient exclu l'indivisibilité *solutione.* Lorsqu'une obligation est indivisible, chacun de ceux qui l'ont contractée est tenu pour le total encore qu'elle ne soit pas solidaire. Il en est de même à l'égard de leurs héritiers, qui cependant peuvent obtenir un délai pour mettre en cause leurs co-héritiers. Différence entre l'indivisibilité et la solidarité.

Section 6ᵉ. *Des obligations avec clauses pénales*

L'insertion d'une clause pénale dans un contrat a pour but d'en assurer l'exécution. Il existe alors deux obligations, l'une principale et l'autre accessoire et conditionnelle. Les juges sont obligés de respecter la convention qui sert de loi aux parties; aussi ils ne peuvent modifier la peine que dans le cas de l'art. 1231. Tant que le débiteur n'a pas été constitué en demeure, il se libére par l'accomplissement de l'obligation première; mais lorsqu'il a été constitué en demeure, le créancier peut choisir entre le paiement de l'obligation ou de la peine, à moins que celle-ci ne soit stipulée que pour le retard ou comme tenant lieu de dommages-intérêts, auquel cas, le créancier pourrait exiger l'une et l'autre. La nullité de l'obligation primitive entraîne celle de la clause pénale. Diverses modifications, lorsque l'obligation primitive est d'une chose divisible ou indivisible. Doit-on regarder comme nulle la peine stipulée dans un contrat de mariage, contre celui des époux qui refuserait d'accomplir son engagement? La positive résulte d'un arrêt de cassation du 7 mai 1836, qui a fixé la jurisprudence jusqu'àlors incertaine.

CODE DE PROCÉDURE.

Tit. 7. *Des jugemens.*

(*Délibération, prononciation et expédition.*)

Lorsque l'instruction est terminée, et que les juges ont pris tous les moyens que la loi leur permet de prendre pour éclairer leur conscience, ils doivent délibérer sur le champ ; cependant ils peuvent se retirer dans la chambre du conseil pour y receuillir les avis, ou même fixer un autre jour où ils se réuniront à cet effet en or donnant que la cause sera continuée à une prochaine audience.

C'est le président qui prend l'avis de chacun des juges. Le dernier reçu opine le premier, et ainsi dessuite suivant l'ordre de leur réception; mais dans les affaires en rapport, comme le rapporteur en a pris une connaissance particuliére, c'est lui qui donne le premier son avis.

Tout jugement d'un tribunal de première instance ne peut être délibéré par moins de trois juges; en cas d'absence d'un des titulaires, il doit être remplacé par un suppléant, qui dans ce cas seulement à voix délibérative, et, à son défaut, par un des hommes de loi mentionnés dans l'art. 118.

Les jugements doivent être délibérés à la pluralité absolue des voix. Dans le cas où des parents ou alliés, jusqu'au dégré de cousin-germain inclusivement, et admis à siéger ensemble au moyen de dispenses, sont du même avis, leurs voix ne comptent que pour une. S'il se forme plus de deux opinions, sans qu'aucunes d'elles réunisse la majorité absolue, on applique l'art 117. Lorsqu'il y a égalité de voix pour des avis différens, un jugement constate le partage, et on suit pour le vider, la disposition de l'art 118. L'adjonction des hommes de loi dont parle cet article, doit, à peine de nullité être faite dans l'ordre indiqué, et de manière qu'il n'en soit pas appellé un nombre supérieur à celui des juges.

8

Lorsque la délibération est prise, le président prononce le jugement sur le champ ou à une prochaine audience, quand le tribunal a déclaré que l'affaire était continuée. Cette prononciation
consiste dans la proclamation de la décision précédée des raisons
de droit et de fait, sur les quelles elle est fondée et dont elle doit
être la conséquence. Elle doit être publique, même dans les cas où
l'intérêt des mœurs et de la tranquilité de la cité auraient fait
ordonner le huis-clos pour l'instruction. Il faut qu'elle soit rédigée
de manière à ne pas faire connaître l'opinion particulière de chacun des juges, et ceux qui ont assisté à la délibération doivent
être présents à la prononciation, à peine de nullité.

Le greffier écrit sous la dictée du président, la minute du
jugement sur la feuille d'audience, qui doit être signée par lui
et par le président.

On distingue deux sortes d'expédition, 1° l'expédition simple
dont parle l'art. 853, qui doit être délivrée à tout requérant;
2° la *grosse* ou expédition délivrée en forme exécutoire suivant
les art. 146, C. proc. et 48 de la Charte.

La partie qui veut obtenir une grosse, doit, si le jugement
est contradictoire, faire rédiger et signifier par le ministère de
son avoué, les qualités à l'avoué de l'autre partie. *Quid* si le
jugement est par *défaut*? les qualités restent pendant vingt-
quatre heures entre les mains de l'huissier audiencier, afin que
celui contre qui on veut lever le jugement, puisse s'y opposer
s'il a des motifs suffisants. Si, dans ce délai, il n'y a pas eu
d'opposition, ou s'il en a été donné main-levée, elles sont remises
au greffier, et lorsqu'une partie demande la grosse du jugement,
celuici la fait précéder de l'intitulé de l'expédition des actes
authentiques; il copie ensuite les qualités et la minute du jugement, et termine le tout par la formule exécutoire. Cette expédition doit être scellée du sceau du tribunal, signée par le greffie

et enregistrée à sa diligence et à ses frais, sauf remboursement.

CODE DE COMMERCE.

Livre 1. Titre 8. De *la lettre de change*,
§ 5. *De l'échéance.*

Une lettre de change peut être tirée à vue, à un ou plusieurs jours, mois ou usance de vue; à un ou plusieurs jours, mois ou usance. de date; à jour fixe et déterminé, ou enfin, en foire. Dans tous ces cas, le législateur règle avec précision quelle sera l'époque à laquelle le paiement pourra être exigé. Si l'échéance est à un jour férié légal; la lettre est payable la veille. Que doit-on entendre par ces mots de l'art, 132 : *Les mois sont tels qu'ils sont fixés par le calendrier Grégorien?* Lorsque le porteur d'une lettre de change ne se présente pas à l'échéance, le tiré, qui a reçu la provision, peut-il en déposer le montant à la caisse des consignations? La loi du 6 thermidor an 3 est encore applicable.

§ 6. *De l'endossement.*

Le transport des créances ordinaires ne peut s'opérer qu'en suivant les formalités indiquées dans les art. 1689 et SS, C. civ. Mais la faveur due au commerce, a fait admettre une manière bien plus simple et plus rapide pour la cession d'une lettre de change; elle se transmet par une déclaration signée par le porteur au dos de la lettre, déclaration qu'on nomme *endossement.* Il existe alors un nouveau contrat de change entre l'endosseur et celui au profit de qui l'ordre est passé: c'est ce qui explique la disposition de l'art. 137. Les formalités qu'il énumère sont de rigueur, l'omision de l'une d'elles fait que l'endosssement ne vaut que comme simple procuration. Le défaut de date pourrait-il être suppléé par un aval daté, mis au bas de l'endossement? la simple signature du porteur apposée au dos de la lettre, ne constitue qu'une procuration; mais cette procuration est-elle suffisante pour en transmettre la propriété par un endossement régulier? la lettre de change pourrait-elle être transmise par un transport ordinaire ? ce transport pourrait-il saisir sans signification ? pourrait-elle être cédée par endossement après l'échéance ?

§ 7. *De la solidarité*

C'est toujours dans le but de favoriser autant que possible la circulation des effets de commerce, que le législateur, dérogeant aux principes de droit commun, a voulu que tous les signataires de la lettre de change fussent tenus à la garantie solidaire envers le porteur, c'est-à-dire que celui-ci pût exercer son recours contre chacun d'eux pour le montant total de la lettre, en cas de non paiement par le tiré, car il n'existe pas dans ce cas une solidarité telle que celle dont les effets sont réglés par les art. 1200 et SS. Code civil.

§ 8. *De l'aval.*

L'aval est un acte par lequel un individu garantit le paiement d'une lettre de change à son échéance. Il est ordinairement donné sur la lettre elle-même ; mais il peut l'être par acte séparé, pour la totalité ou pour une partie du montant. Le donneur d'aval est assimilé au tireur, aux endosseurs, ou à l'accepteur selon qu'il a cautionné pour les uns ou pour les autres, et il est tenu par les mêmes voies que ceuxci, sauf convention contraire.

§ 9. *Du paiement.*

Le tireur d'une lettre de change contracte avec le porteur, l'obligation de lui faire toucher le montant à l'échéance ; nul délai ne peut être accordé sous aucun prétexte, et il n'est admis d'opposition au paiement que dans le cas de l'art. 149. Le tiré ne peut payer avant le terme que du consentement du porteur ; mais alors, il est responsable de la validité du paiement ; tandis que s'il ne paie qu'à l'échéance, il est présumé valablement libéré. La lettre de change doit être payée dans la monnaie qu'elle indique ou en monaie du pays au cours du change avec celle indiquée. Le paiement doit être intégral. Il peut cependant être partiel; mais alors le porteur doit faire protester pour ce qui reste dû. Le tiré peut payer sur une 2e 3e etc. ; et il est libéré pourvu qu'il retire celle sur laquelle il a apposé son acceptation.

Une lettre de change peut être égarée; néanmoins le porteur pourra en obtenir le paiement sur une 2e 3e etc., ou en justifiant de la propriété de celle qui a été égarée, ou enfin, en cas de refus, en s'en procurant une seconde par le moyen des endosseurs (art. 150, 55.)

§ 10.e *Du paiement par intervention.*

De même qu'on peut accepter une lettre de change protestée faute d'acceptation, de même aussi on peut payer pour le tireur ou pour l'un des endosseurs une lettre protestée faute de paiement. Si le paiement est fait pour le compte du tireur, tous les endosseurs sont libérés; si s'est pour le compte d'un des endosseurs, les endosseurs subséquents sont seuls libérés; enfin, en cas de concurrence, on doit préférer celui qui opère le plus de libérations.

Cette thèse sera soutenue en séance publique le 2 Aout 1838.

Vu par le président de la Thèse.

FERRADOU.

TOULOUSE, IMPRIMERIE ET LITHO. DE J-B. LAGARRIGUE, RUE DU TAUR N.° 46.

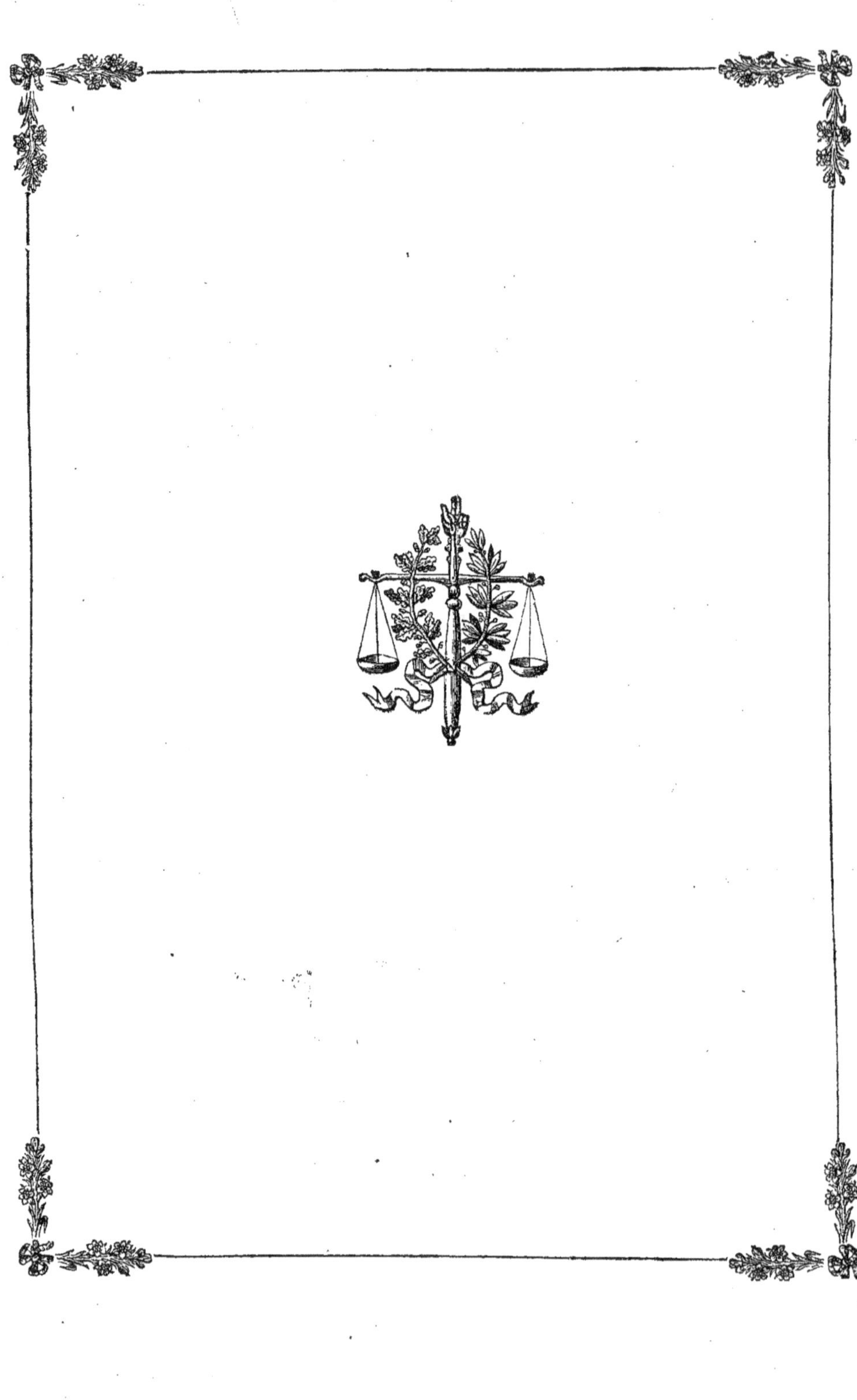